# La huerta de

*Se dedica este lib.*
*los niños que les gustan fresas.*

**Texto y fotos por**
**Donna L. Cuevas Roeder**

MW01102114

Estamos caminando por la huerta.

Usamos un vagón para llevar

las fresas.

Ya llegamos. Hay muchas hileras de fresas. ¿Dónde empezamos?

4

Queremos recoger las fresas para almorzar. ¡Hay muchas! ¡Podemos quedarnos aquí por todo el día!

¡Mire cuántas fresas recogimos!

¡Casi toda la caja está llena de fresas!

¡No podemos creer que las
horas han pasado tan rápido!

Bueno, tenemos que lavarnos
las manos para almorzar.

Usamos jabón y agua tibia

para lavarse las manos bien.

Ahora, podemos comer
nuestra comida y las fresas
ricas que recogimos.